Impressum
Verlag: BABADADA GmbH, Nedderfeld 112 , 22529 Hamburg
Geschäftsführer / Verlagsleitung: Harald Hof
Druck: Books on Demand GmbH, In de Tarpen 42, 22848 Norderstedt

Imprint
Publisher: BABADADA GmbH, Nedderfeld 112 , 22529 Hamburg, Germany
Managing Director / Publishing direction: Harald Hof
Print: Books on Demand GmbH, In de Tarpen 42, 22848 Norderstedt, Germany

1

skola
mokykla

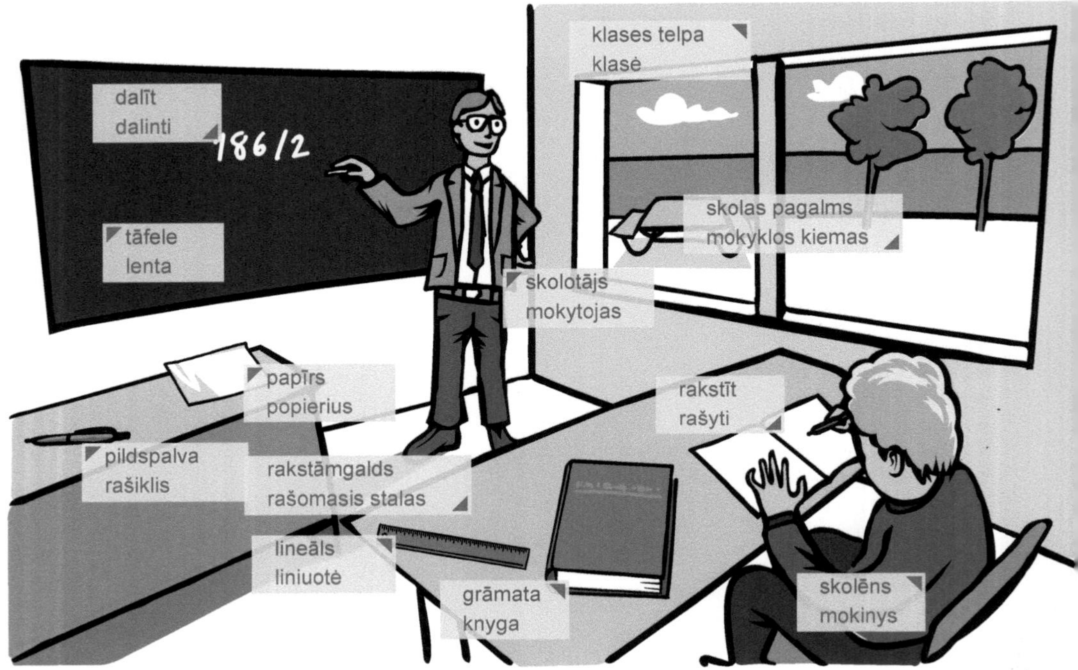
klases telpa
klasė
dalīt
dalinti
186/2
tāfele
lenta
skolas pagalms
mokyklos kiemas
skolotājs
mokytojas
papīrs
popierius
rakstīt
rašyti
pildspalva
rašiklis
rakstāmgalds
rašomasis stalas
lineāls
liniuotė
grāmata
knyga
skolēns
mokinys

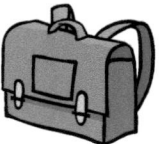

skolas soma
kuprinė

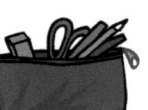

penālis
penalas

zīmulis
pieštukas

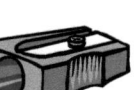

zīmuļu asināmais
drožtukas

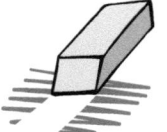

dzēšgumija
trintukas

zīmēšanas bloks
piešimo bloknotas

zīmējums

piešinys

ota

teptukas

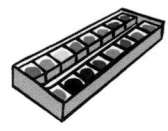

krāsas

dažų dėžutė

šķēres

žirklės

līme

klijai

darba burtnīca

vadovėlis

mājas darbs

namų darbai

skaitlis

numeris

saskaitīt

pridėti

atņemt

atimti

reizināt

dauginti

rēķināt

skaičiuoti

burts

raidė

ABCDEFG
HIJKLMN
OPQRSTU
VWXYZ

alfabēts

abėcėlė

hello

vārds

žodis

teksts
tekstas

lasīt
skaityti

krīts
kreida

mācību stunda
pamoka

žurnāls
dienynas

eksāmens
egzaminas

liecība
pažymėjimas

skolas forma
mokyklinė uniforma

izglītība
išsilavinimas

enciklopēdija
enciklopedija

universitāte
universitetas

mikroskops
mikroskopas

karte
žemėlapis

papīrgrozs
šiukšliadėžė

ceļojums

kelionė

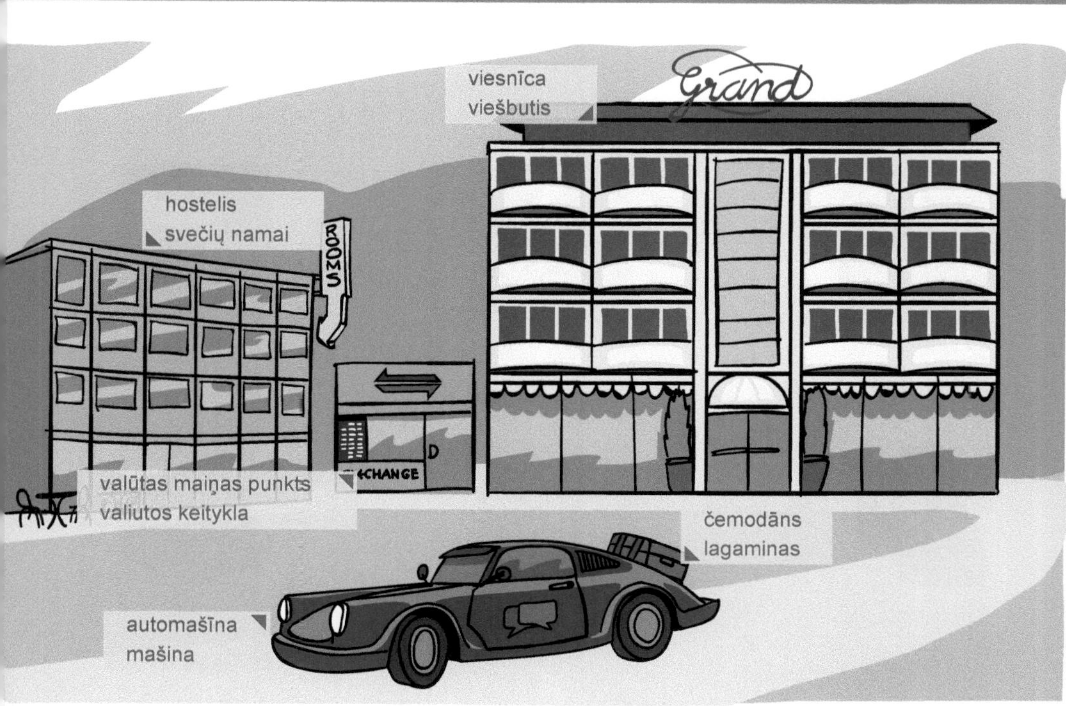
viesnīca
viešbutis
hostelis
svečių namai
ROOMS
valūtas maiņas punkts
valiutos keitykla
čemodāns
lagaminas
automašīna
mašina

Valoda
kalba

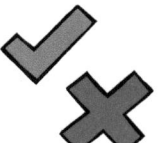

jā / nē
taip / ne

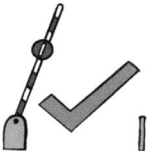

Okay
Gerai

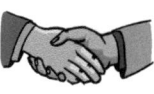

Sveiki!
sveiki

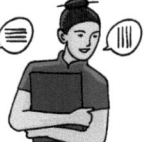

tulks
vertėjas raštu

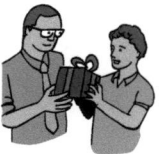

paldies
Ačiū

Cik maksā...?

kiek kainuoja...?

Es nesaprotu

aš nesuprantu

problēma

problema

Labvakar!

Labas vakaras!

Labrīt!

Labas rytas!

Ar labu nakti!

Labos nakties!

Uz redzēšanos

viso gero

virziens

kryptis

bagāža

bagažas

soma

krepšys

mugursoma

kuprinė

viesis

svečias

istaba

kambarys

guļammaiss

miegmaišis

telts

palapinė

tūrisma informācija

turizmo informacija

pludmale

paplūdimys

kredītkarte

kreditinė kortelė

brokastis

pusryčiai

pusdienas

pietūs

vakariņas

vakarienė

biļete

bilietas

lifts

liftas

pastmarka

pašto ženklas

robeža

siena

muita

muitinė

vēstniecība

ambasada

vīza

viza

pase

pasas

transports
transportas

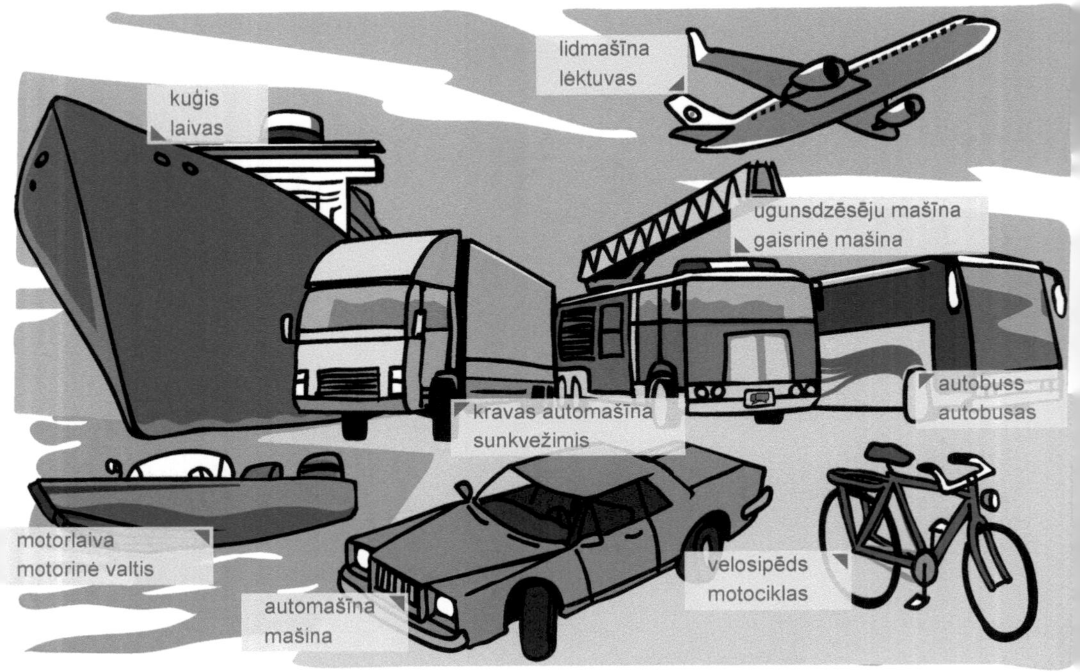

lidmašīna
lėktuvas
kuģis
laivas
ugunsdzēsēju mašīna
gaisrinė mašina
autobuss
autobusas
kravas automašīna
sunkvežimis
motorlaiva
motorinė valtis
velosipēds
motociklas
automašīna
mašina

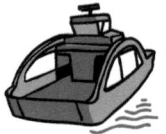

prāmis

keltas

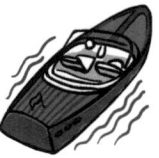

laiva

valtis

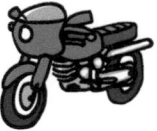

motocikls

mopedas

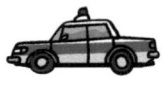

policijas automašīna

policijos automobilis

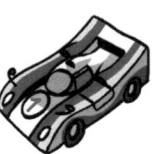

sacīkšu automobilis

lenktyninis automobilis

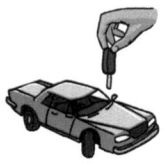

nomas auto

nuomojamas automobilis

auto koplietošana
....
bendras automobilio
naudojimas

evakuators
....
techninės pagalbos
automobilis

atkritumu mašīna
....
šiukšliavežė

dzinējs
....
variklis

benzīns
....
degalai

degvielas uzpildes staci̧a
....
degalinė

ceļa zīme
....
kelio ženklas

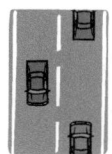

satiksme
....
eismas

sastrēgums
....
eismo spūstis

stāvvieta
....
mašinų stovėjimo aikštelė

dzelzceļa stacija
....
traukinių stotis

sliedes
....
bėgiai

vilciens
....
traukinys

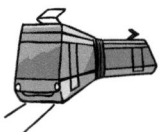

tramvajs
....
tramvajus

vagons
....
vagonas

transports - transportas   9

helikopters

sraigtasparnis

lidosta

oro uostas

tornis

bokštas

pasažieris

keleivis

konteiners

konteineris

kaste

dėžė

ratiņi

vežimėlis

grozs

krepšys

pacelties / nosēsties

pakilti / nusileisti

pilsēta

miestas

ciems

kaimas

pilsētas centrs

miesto centras

māja

namas

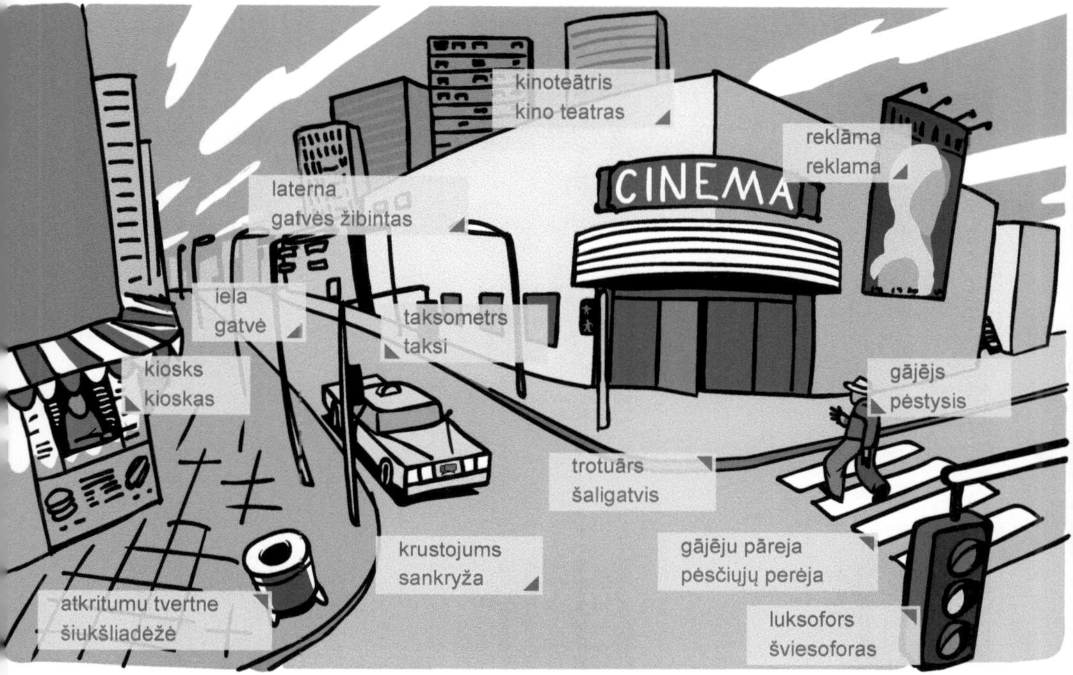

kinoteātris
kino teatras

reklāma
reklama

laterna
gatvės žibintas

CINEMA

iela
gatvė

taksometrs
taksi

kiosks
kioskas

gājējs
pėstysis

trotuārs
šaligatvis

krustojums
sankryža

gājēju pāreja
pėsčiųjų perėja

atkritumu tvertne
šiukšliadėžė

luksofors
šviesoforas

būda
trobelė

dzīvoklis
butas

dzelzceļa stacija
traukinių stotis

rātsnams
rotušė

muzejs
muziejus

skola
mokykla

universitāte

universitetas

banka

bankas

slimnīca

ligoninė

viesnīca

viešbutis

aptieka

vaistinė

birojs

biuras

grāmatnīca

knygynas

veikals

parduotuvė

ziedu veikals

gėlių parduotuvė

lielveikals

prekybos centras

tirgus

turgus

tirdzniecības centrs

universalinė parduotuvė

zivju tirgotājs

žuvies parduotuvė

tirdzniecības centrs

prekybos centras

osta

uostas

parks

parkas

sols

suoliukas

tilts

tiltas

kāpnes

laiptai

metro

metro

tunelis

tunelis

autobusa pieturvieta

autobusų stotelė

bārs

baras

restorāns

restoranas

pastkastīte

lauko pašto dėžutė

ielas nosaukuma plāksne

kelio ženklas

stāvlaika skaitītājs

parkomatas

zooloģiskais dārzs

zoologijos sodas

peldbaseins

baseinas

mošeja

mečetė

zemnieku saimniecība
ūkininko ūkis

vides piesārņojums
tarša

kapsēta
kapinės

baznīca
bažnyčia

spēļu laukums
žaidimų aikštelė

templis
šventykla

ainava
kraštovaizdis

lapa
lapas

ceļrādis
kelio rodyklė

ceļš
kelias

pļava
pieva

akmens
akmuo

koks
medis

ceļotājs
ējikas

upe
upė

zāle
žolė

puķe
gėlė

ieleja

slėnis

kalns

kalva

ezers

ežeras

mežs

miškas

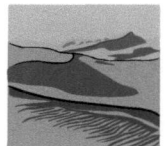

tuksnesis

dykuma

vulkāns

ugnikalnis

pils

pilis

varavīksne

vaivorykštė

sēne

grybas

palma

palmė

moskīts

uodas

muša

musė

skudra

skruzdėlė

bite

bitė

zirneklis

voras

ainava - kraštovaizdis

15

vabole

vabalas

varde

varlė

vāvere

voverė

ezis

ežys

zaķis

kiškis

pūce

pelėda

putns

paukštis

gulbis

gulbė

meža cūka

šernas

briedis

elnias

alnis

briedis

aizsprosts

užtvanka

vēja ģenerators

vėjo jėgainė

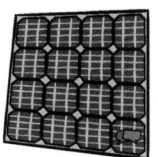

saules baterija

saulės baterija

klimats

klimatas

restorāns
restoranas

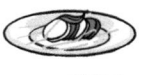

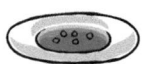

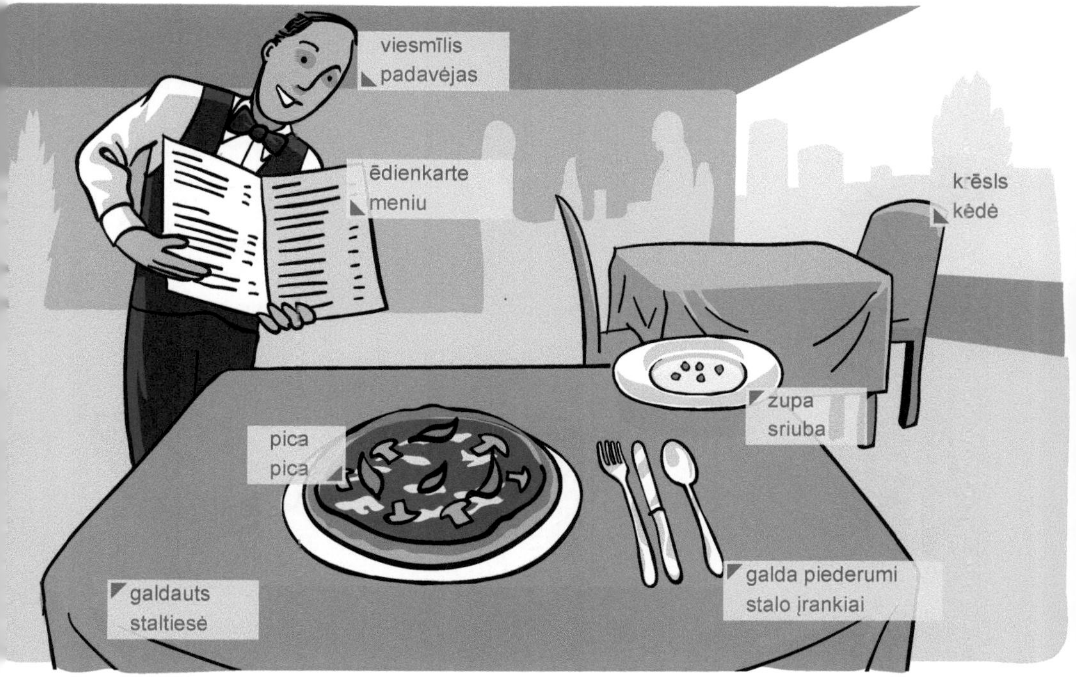
viesmīlis
padavėjas
ēdienkarte
meniu
k-ēsls
kėdė
zupa
sriuba
pica
pica
galdauts
staltiesė
galda piederumi
stalo įrankiai

uzkoda

užkandis

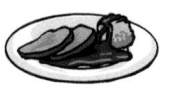

pamatēdiens

pagrindinis patiekalas

deserts

desertas

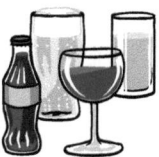

dzērieni

gėrimai

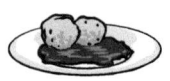

ēdiens

maistas

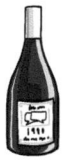

pudele

butelis

ātrās uzkodas

greitai pateikiamas maistas

ielu uzkodas

gatvės maistas

tējkanna

arbatinukas

cukurtrauks

cukrinė

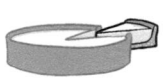

porcija

porcija

espresso kafijas automāts

espreso aparatas

bāra krēsls

aukšta kėdė

rēķins

sąskaita

paplāte

padėklas

nazis

peilis

dakša

šakutė

karote

šaukštas

tējkarote

arbatinis šaukštelis

salvete

servetėlė

glāze

stiklinė

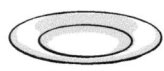

šķīvis

lėkštė

zupas šķīvis

sriubos lėkštė

apakštase

padėklas

mērce

padažas

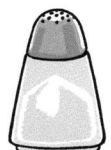

sāls trauciņš

druskinė

piparu dzirnaviņas

pipirų malūnėlis

etiķis

actas

eļļa

aliejus

garšvielas

prieskoniai

kečups

kečupas

sinepes

garstyčios

majonēze

majonezas

lielveikals
prekybos centras

piedāvājums
specialus pasiūlymas
FOR
klients
pirkėjas
piena produkti
pieno produktai
augļi
vaisiai
iepirkumu ratiņi
troleibusas

BUTCHERS

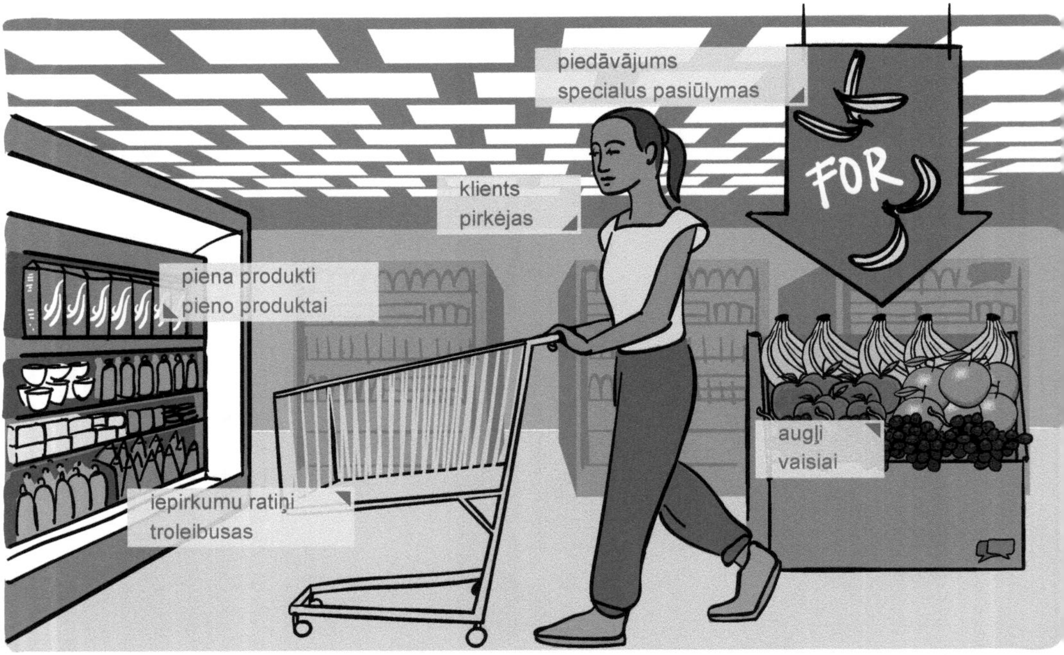

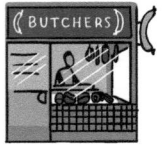

kautuve

mėsos parduotuvė

BAKERY

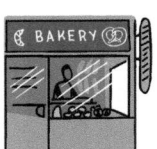

maizes veikals

kepykla

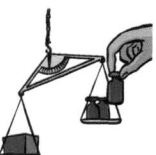

svērt

sverti

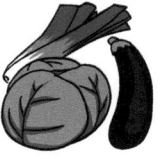

dārzeņi

daržovės

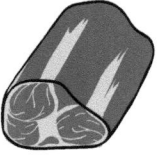

gaļa

mėsa

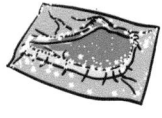

saldēti produkti

šaldytas maistas

aukstās gaļas uzkodas

šalti mėsos užkandžiai

konservi

konservai

pulveris

skalbimo milteliai

saldumi

saldumynai

mājsaimniecības preces

ūkinės prekės

tīrīšanas līdzeklis

valymo priemonės

pārdevēja

pardavėja

kase

kasos aparatas

kasieris

kasininkas

iepirkumu saraksts

pirkinių sąrašas

darba laiks

darbo valandos

maks

piniginė

kredītkarte

kreditinė kortelė

soma

maišelis

maisiņš

plastikinis maišelis

ūdens

vanduo

sula

sultys

piens

pienas

kola

kola

vīns

vynas

alus

alus

alkohols

alkoholis

kakao

kakava

tēja

arbata

kafija

kava

espresso

espresas

kapučīno

kapučinas

banāns

bananas

ābols

obuolys

apelsīns

apelsinas

melone

arbūzas

citrons

citrina

burkāns

morka

ķiploks

česnakas

bambuss

bambukas

sīpols

svogūnas

sēne

grybas

rieksti

riešutai

makaroni

makaronai

spageti

spagečiai

rīsi

ryžiai

salāti

salotos

frī kartupeļi

traškučiai

cepti kartupeļi

keptos bulvės

pica

pica

hamburgers

mėsainis

sviestmaize

sumuštinis

šnicele

pjausnys

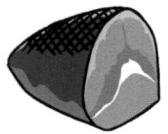

šķiņķis

kumpis

salami

saliamis

desa

dešrelė

vista

vištiena

cepetis

kepsnys

zivs

žuvis

auzu pārslas

avižų dribsniai

muslis

dribsniai su priedais

brokastu pārslas

kukurūzų dribsniai

milti

miltai

radziņš

prancūziškasis ragelis

brokastu maizītes

bandelė

maize

duona

tostermaize

skrebutis

cepumi

sausainiai

sviests

sviestas

biezpiens

varškė

kūka

tortas

ola

kiaušinis

cepta ola

kiaušinienė

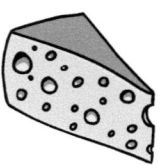

siers

sūris

saldējums
ledai

cukurs
cukrus

medus
medus

marmelāde
uogienė

riekstu krēms
tepamas šokoladas

karijs
karis

zemnieku saimniecība
ūkininko ūkis

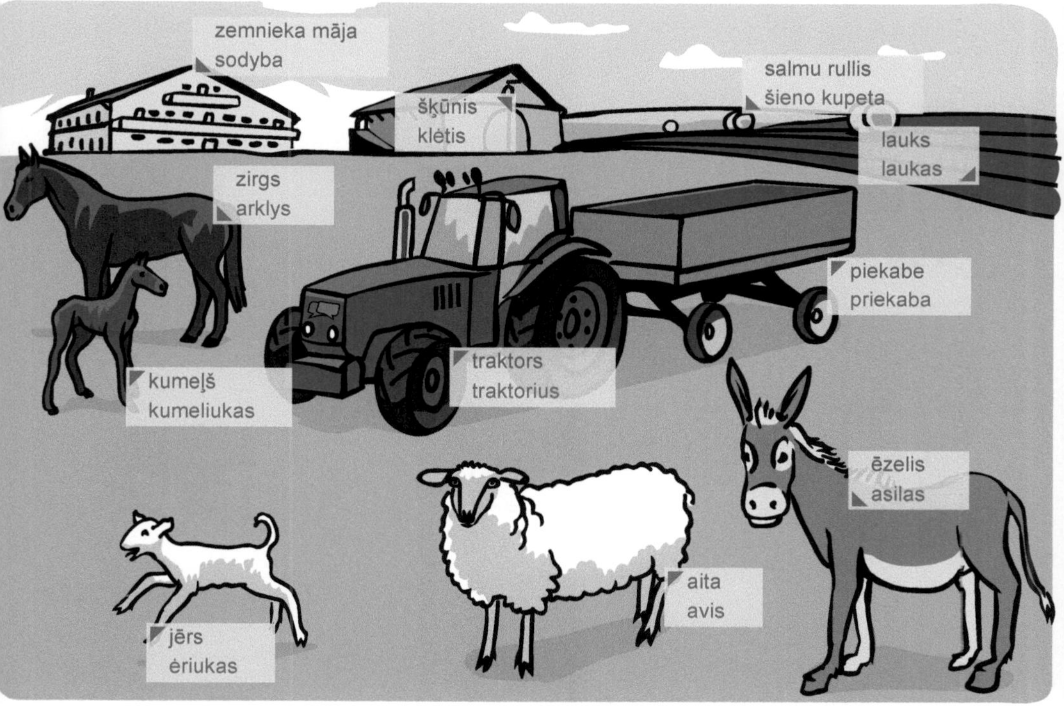

zemnieka māja
sodyba
šķūnis
klėtis
salmu rullis
šieno kupeta
lauks
laukas
zirgs
arklys
piekabe
priekaba
traktors
traktorius
kumeļš
kumeliukas
ēzelis
asilas
aita
avis
jērs
ėriukas

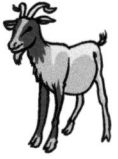

kaza

ožys

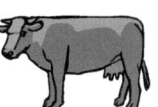

govs

karvė

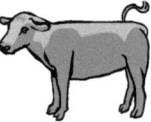

teļš

veršis

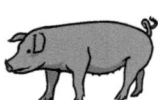

cūka

kiaulė

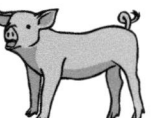

sivēns

paršelis

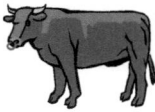

bullis

bulius

zoss

żąsis

pīle

antis

cālis

viščiukas

vista

višta

gailis

gaidys

žurka

žiurkė

kaķis

katė

pele

pelė

vērsis

jautis

suns

šuo

suņa būda

šuns būda

dārza šļūtene

sodo namas

lejkanna

laistytuvas

izkapts

dalgis

arkls

plūgas

sirpis
pjautuvas

kaplis
kauptukas

mēslu dakša
šakės

cirvis
kirvis

ķerra
statinė

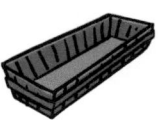

sile
lovys

piena kanna
bidonas

maiss
maišas

žogs
tvora

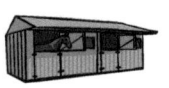

kūts
arklidė

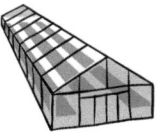

siltumnīca
šiltnamis

augsne
dirva

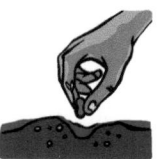

sēklas
sėkla

mēslojums
trąšos

kombains
kombainas

novākt ražu

rinkti

raža

derlius

jamss

saldžiosios bulvės

kvieši

kviečiai

soja

soja

kartupelis

bulvė

kukurūza

kukurūzai

rapsis

rapsai

augļu koks

vaismedis

manioka

manijokas

labība

grūdai

māja

namas

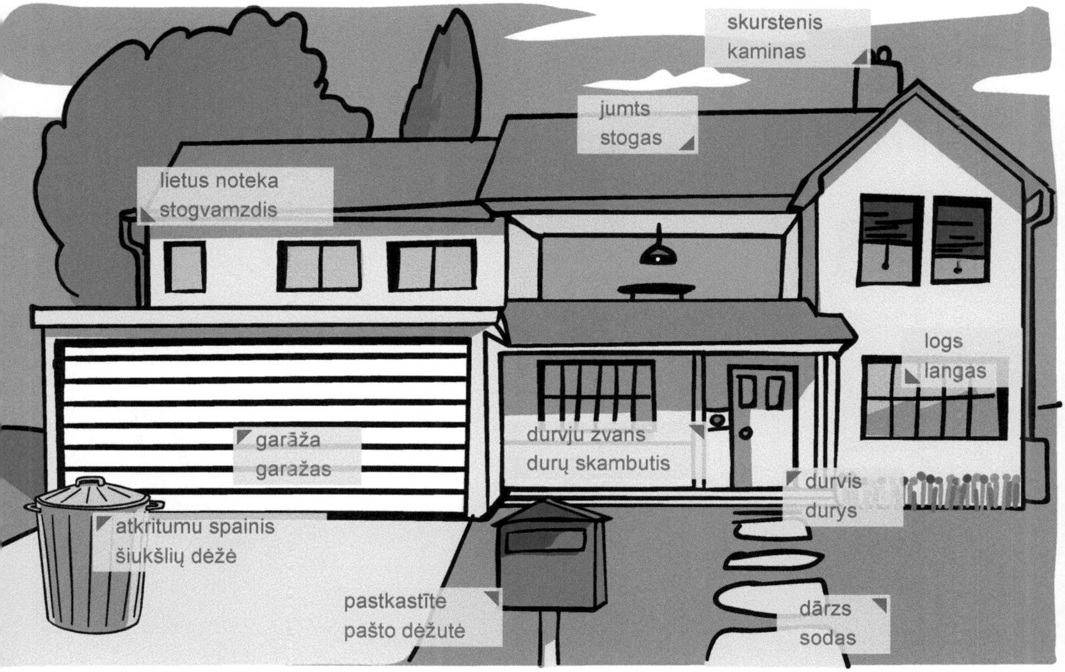
skurstenis
kaminas
jumts
stogas
lietus noteka
stogvamzdis
logs
langas
garāža
garažas
durvju zvans
durų skambutis
durvis
durys
atkritumu spainis
šiukšlių dėžė
pastkastīte
pašto dėžutė
dārzs
sodas

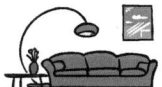

viesistaba

svetainė

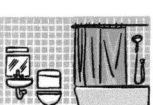

vannas istaba

vonios kambarys

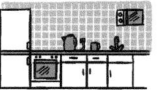

virtuve

virtuvė

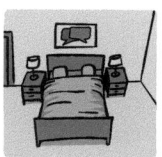

guļamistaba

miegamasis

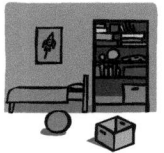

bērnu istaba

vaiko kambarys

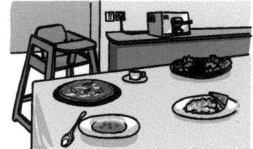

ēdamistaba

valgomasis

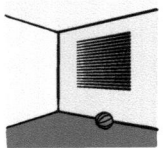

grīda

grindys

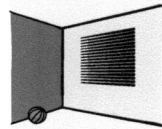

siena

siena

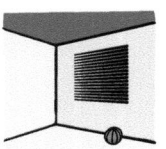

griesti

lubos

pagrabs

rūsys

sauna

sauna

balkons

balkonas

terase

terasa

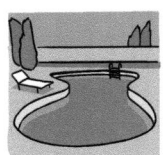

baseins

baseinas

zāles pļāvējs

žoliapjovė

gultas veļa

paklodė

sega

lovatiesė

gulta

lova

slota

šluota

spainis

kibiras

slēdzis

jungiklis

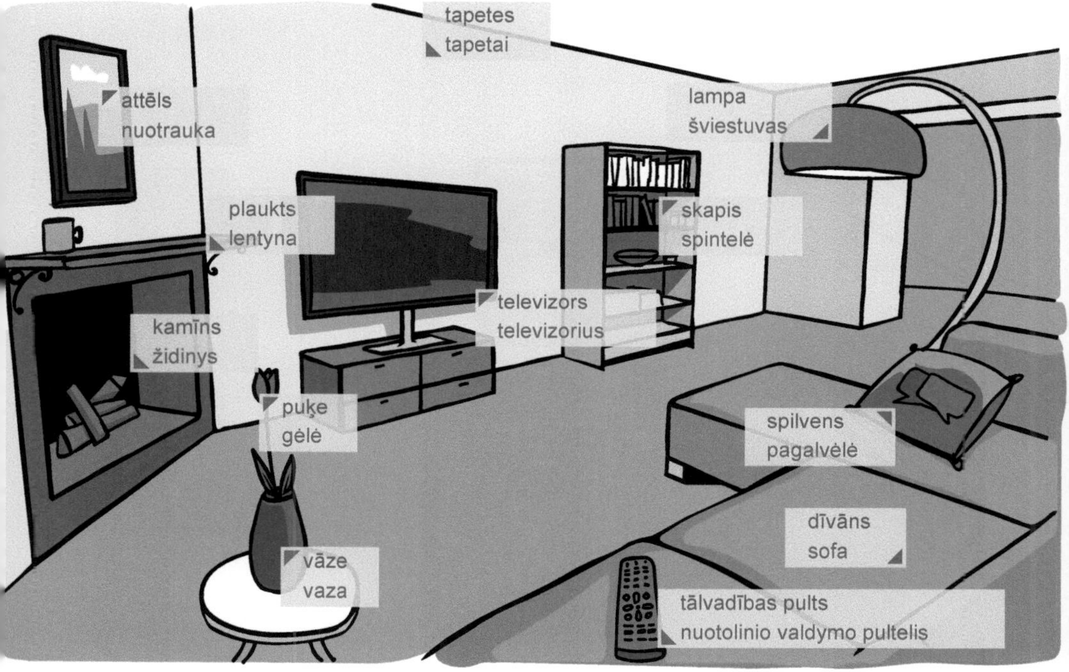

tapetes
tapetai

attēls
nuotrauka

lampa
šviestuvas

plaukts
lentyna

skapis
spintelė

kamīns
židinys

televizors
televizorius

puķe
gėlė

spilvens
pagalvėlė

dīvāns
sofa

vāze
vaza

tālvadības pults
nuotolinio valdymo pultelis

paklājs
kilimas

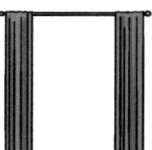

aizkars
užuolaida

galds
stalas

krēsls
kėdė

šūpuļkrēsls
supamasis krėslas

atpūtas krēsls
fotelis

grāmata

knyga

sega

antklodė

dekorācija

papuošimai

malka

malkos

filma

filmas

mūzikas centrs

stereo aparatūra

atslēga

raktas

avīze

laikraštis

glezna

paveikslas

plakāts

plakatas

radio

radijas

pierakstu blociņš

užrašų knygelė

putekļu sūcējs

dulkių siurblys

kaktuss

kaktusas

svece

žvakė

virtuve
virtuvė

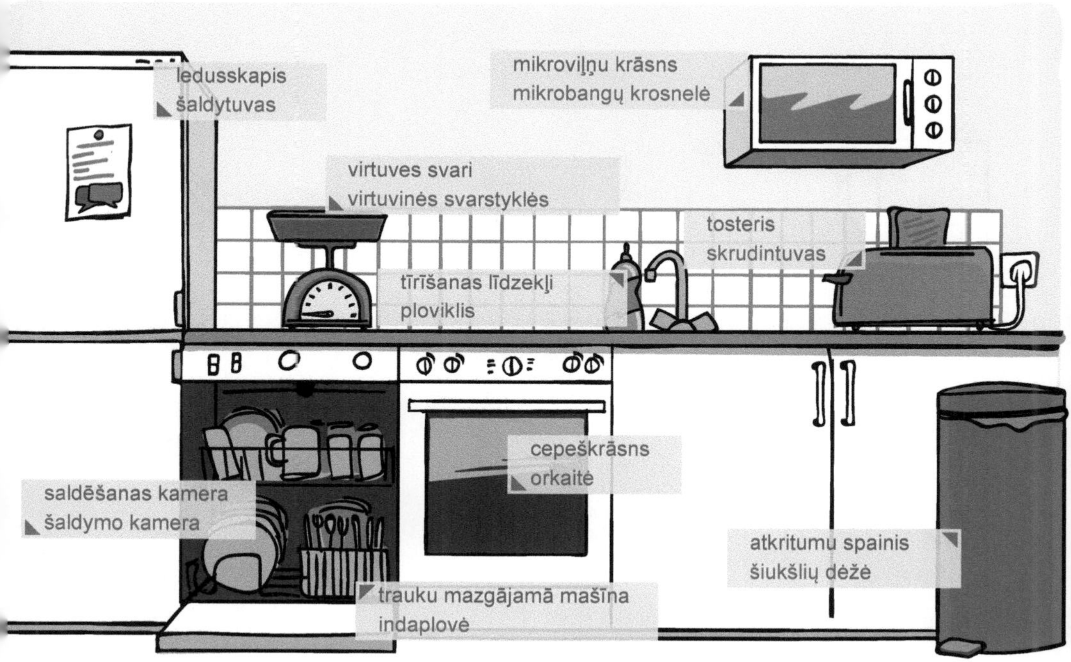
ledusskapis
šaldytuvas
mikroviļņu krāsns
mikrobangų krosnelė
virtuves svari
virtuvinės svarstyklės
tosteris
skrudintuvas
tīrīšanas līdzekļi
ploviklis
cepeškrāsns
orkaitė
saldēšanas kamera
šaldymo kamera
atkritumu spainis
šiukšlių dėžė
trauku mazgājamā mašīna
indaplovė

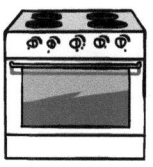

plīts
viryklė

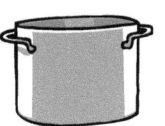

pods
puodas

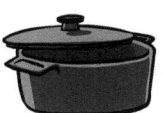

katls
ketaus puodas

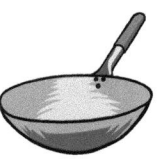

Wok panna
„wok“ keptuvė

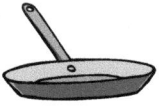

panna
keptuvė

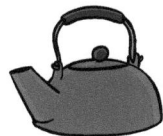

elektriskā tējkanna
virdulys

tvaika katls

garų puodas

cepešpanna

kepimo skarda

trauki

porceliano indai

krūze

puodelis

bļoda

dubuo

irbulīši

valgomosios lazdelės

kauss

samtis

lāpstiņa

mentelė

putošanas slotiņa

plaktuvas

sietiņš

koštuvas

siets

sietas

rīve

trintuvė

piesta

grūstuvė

grilēt

kepsninė

atklāts pavards

atvira liepsna

dēlis

pjaustymo lentelė

mīklas rullis

kočėlas

korķu viļķis

kamščiatraukis

bundža

skardinė

konservu nazis

skardinių atidarytuvas

virtuves cimdi

puodkėlė

izlietne

kriauklė

birste

šepetys

sūklis

kempinė

mikseris

trintuvas

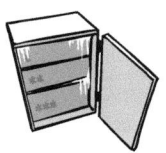

saldētava

šaldiklis

bērna pudelīte

kūdikių buteliukas

ūdenskrāns

čiaupas

vannas istaba
vonios kambarys

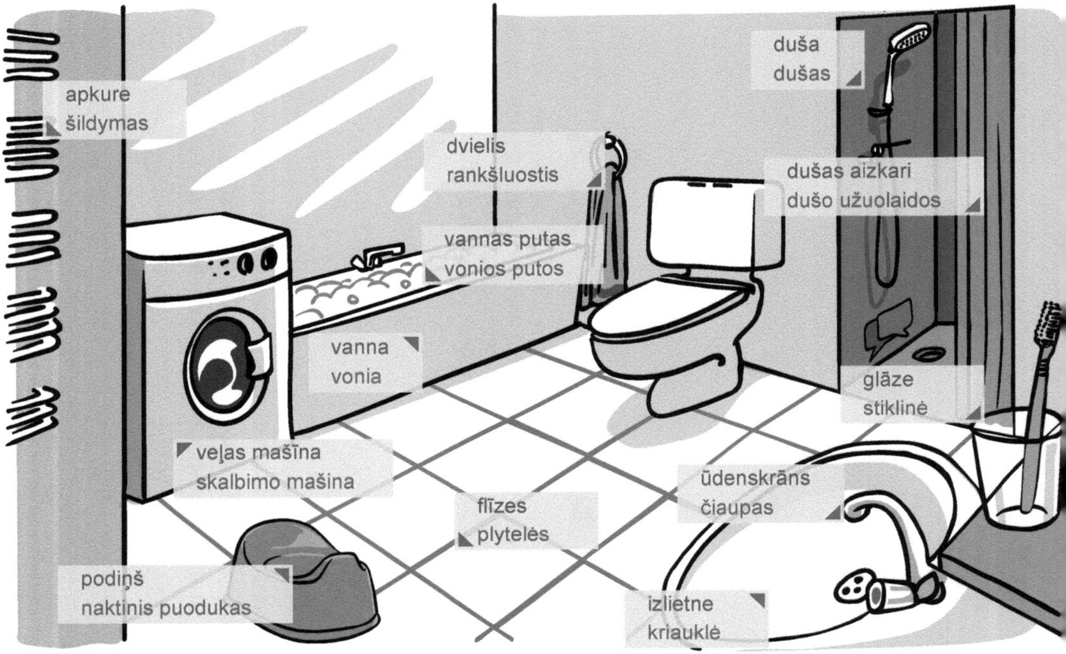

duša
dušas
apkure
šildymas
dvielis
rankšluostis
dušas aizkari
dušo užuolaidos
vannas putas
vonios putos
vanna
vonia
glāze
stiklinė
veļas mašīna
skalbimo mašina
ūdenskrāns
čiaupas
flīzes
plytelės
podiņš
naktinis puodukas
izlietne
kriauklė

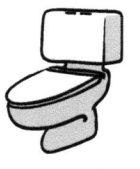

tualetes pods

unitazas

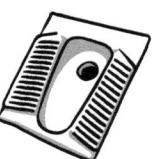

Āzijas tipa tualete

tupimasis unitazas

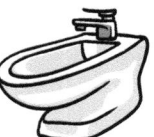

bidē

bidė

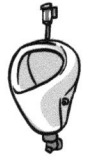

pisuārs

pisuaras

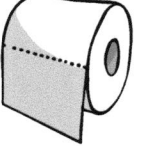

tualetes papīs

tualetinis popierius

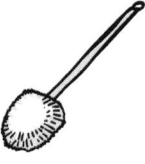

tualetes birste

unitazo šepetys

zobu birste

dantų šepetėlis

zobu pasta

dantų pasta

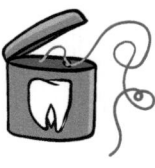

zobu diegs

dantų siūlas

mazgāt

plauti

rokas duša

dušo galvutė

duša

higieninis dušas

bļoda

praustuvas

muguras mazgāšanas birste

nugaros plaušinė

ziepes

muilas

dušas želeja

dušo želė

šampūns

šampūnas

mazgāšanas drāna

plaušinė

noteka

kanalizacija

krēms

kremas

dezodorants

dezodorantas

spogulis

veidrodis

spogulītis

veidrodēlis

skuveklis

skustuvas

skūšanās putas

skutimosi putos

losjons pēc skūšanās

losjonas po skutimosi

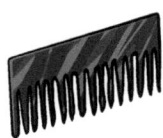

ķemme

šukos

matu suka

šepetys

matu fēns

plaukų džiovintuvas

matu laka

plaukų lakas

grima komplekts

makiažas

lūpu krāsa

lūpdažis

nagulaka

nagų lakas

vate

vata

šķērītes

žirklutės nagams

smaržas

kvepalai

kosmētikas maks

maišelis skalbiniams

ķeblītis

taburetė

svari

svarstyklės

halāts

chalatas

tīrīšanas cimdi

guminės pirštinės

tampons

tamponas

pakete

higieninis įklotas

ķīmiskā tualete

biotualetas

bērnu istaba
vaiko kambarys

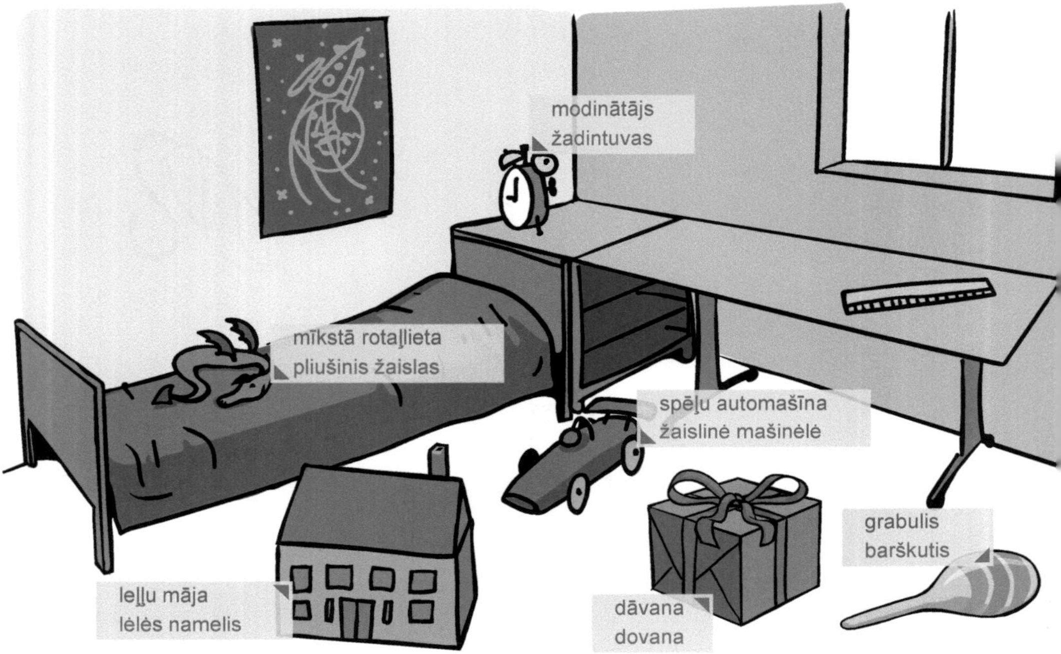
modinātājs
žadintuvas
mīkstā rotaļlieta
pliušinis žaislas
spēļu automašīna
žaislinė mašinėlė
grabulis
barškutis
leļļu māja
lėlės namelis
dāvana
dovana

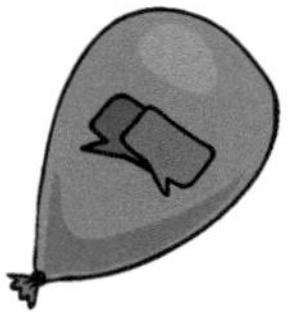

balons
balionas

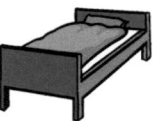

gulta
lova

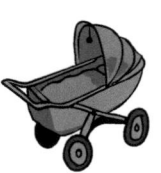

bērnu ratiņi
vaikiškas vežimėlis

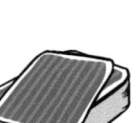

kārtis
kortų malka

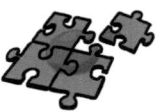

puzle
delionė

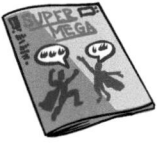

komikss
komiksai

LEGO klucīši

lego kaladėlės

klucīši

žaislinės kaladėlės

varoņu figūra

figūrėlė

rāpulītis

šliaužtinukai

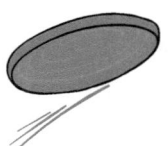

lidojošais šķīvītis

mėtymo lėkštė

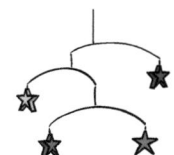

muzikālais karuselis

karuselė

galda spēle

stalo žaidimas

metamais kauliņš

kauliukai

rotaļu dzelzceļš

žaislinis traukinys

māneklis

žindukas

ballīte

vakarėlis

bilžu grāmata

paveiksliukų knygelė

bumba

kamuolys

lelle

lėlė

spēlēt

žaisti

smilšu kaste

smėlio dėžė

šūpoles

sūpynės

rotaļlietas

žaislai

spēļu konsole

žaidimų konsolė

trīsritenis

triratukas

plīša lācītis

meškiukas

drēbju skapis

drabužių spinta

apģērbs

drabužis

īszeķes

kojinės

zeķes

kojinės virš kelių

zeķbikses

pēdkelnės

šalle
šalikas

lietussargs
skėtis

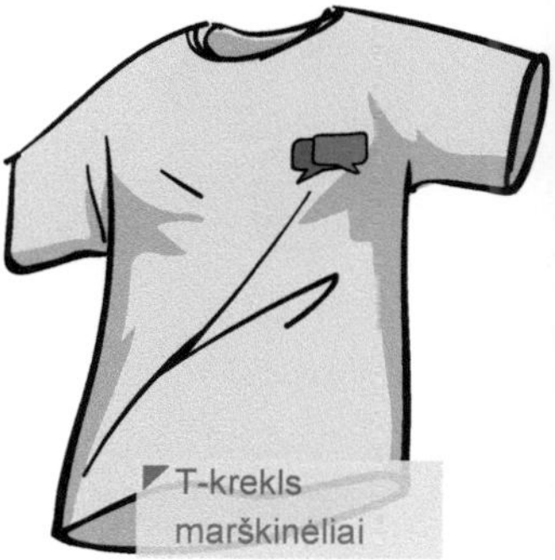

siksna
diržas

T-krekls
marškinėliai

zābaks
ilgaauliai batai

čības
šlepetės

botas
sportbačiai

sandales
....
sandalai

kurpes
....
batai

gumijas zābaki
....
guminiai batai

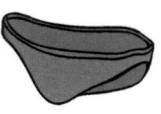

apakšbikses
....
trumpikės

krūšturis
....
liemenėlė

apakškrekls
....
liemenė

bodijs

glaustinukė

bikses

kelnės

džinsi

džinsai

svārki

sijonas

blūze

palaidinė

krekls

marškiniai

pulovers

megztinis

džemperis

megztinis su gobtuvu

žakete

švarkelis

jaka

švarkas

mētelis

paltas

lietus mētelis

lietpaltis

kostīms

kostiumas

kleita

suknelė

kāzu kleita

vestuvinė suknelė

uzvalks
kostiumas

naktskrekls
naktiniai marškiniai

pidžama
pižama

sari
saris

lakats
skarelė

turbāns
tiurbanas

burka
burka

kaftāns
kaftanas

abaja
abaja

peldkostīms
maudymosi kostiumėlis

peldbikses
glaudės

šorti
šortai

treniņtērps
sportinis kostiumas

priekšauts
prijuostė

cimdi
pirštinės

poga

saga

brilles

akiniai

rokassprādze

apyrankė

kaklarota

vėrinys

gredzens

žiedas

auskars

auskaras

cepure

kepurė

drēbju pakaramais

pakabas

platmale

skrybėlė

kaklasaite

kaklaraištis

rāvējslēdzējs

užtrauktukas

ķivere

šalmas

bikšturi

breketai

skolas forma

mokyklinė uniforma

uniforma

uniforma

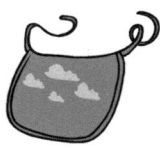

priekšautiņš

seilinukas

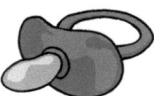

māneklis

žindukas

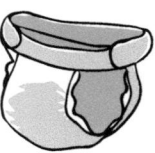

autiņbiksītes

vystyklai

birojs
biuras

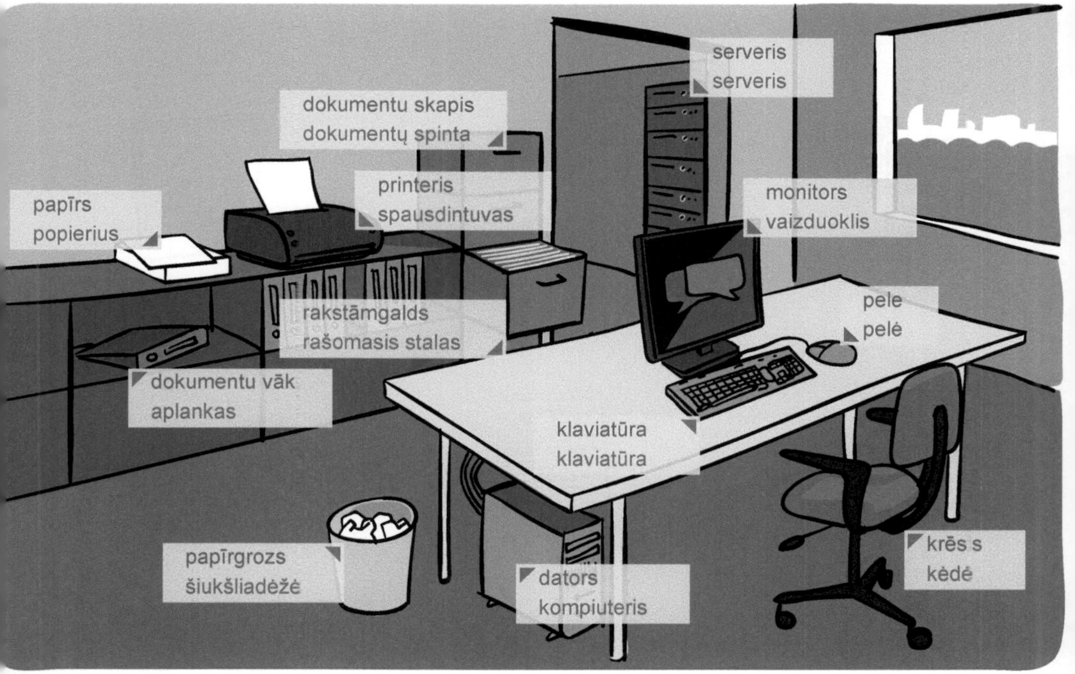
serveris
serveris
dokumentu skapis
dokumentų spinta
papīrs
popierius
printeris
spausdintuvas
monitors
vaizduoklis
rakstāmgalds
rašomasis stalas
pele
pelė
dokumentu vāk
aplankas
klaviatūra
klaviatūra
papīrgrozs
šiukšliadėžė
dators
kompiuteris
krēs s
kėdė

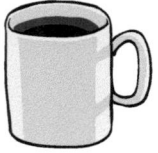

kafijas krūze

kavos puodelis

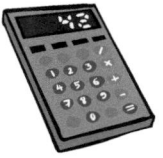

kalkulators

kalkuliatorius

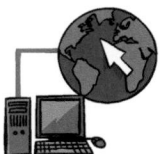

internets

internetas

portatīvais dators

nešiojamasis kompiuteris

vēstule

laiškas

ziņa

žinutė

mobilais tālrunis

mobilusis telefonas

tīkls

tinklas

kopētājs

fotokopijavimo aparatas

programmatūra

programinė įranga

telefons

telefonas

rozete

kištukinis lizdas

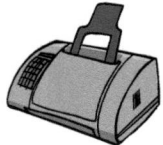

faksa aparāts

faksas

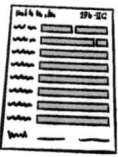

formulārs

forma

dokuments

dokumentas

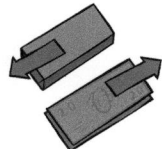

pirkt
pirkti

samaksāt
mokėti

tirgot
prekiauti

nauda
pinigai

USD

dolārs
doleris

EUR

eiro
euras

JPY

jēna
jena

RUB

rublis
rublis

CHF

franks
Šveicarijos frankas

CNY

juaņa renminbi
juanis

INR

rūpija
rupija

bankomāts
bankomatas

valūtas maiņas punkts

valiutos keitykla

zelts

auksas

sudrabs

sidabras

nafta

nafta

enerģija

energija

cena

kaina

līgums

sutartis

nodoklis

mokestis

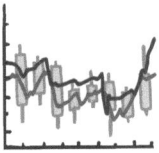

akcija

akcijos

strādāt

dirbti

darbinieks

darbuotojas

darba devējs

darbdavys

fabrika

gamykla

veikals

parduotuvė

policists
policininkas

ugunsdzēsējs
ugniagesys

pavārs
virėjas

ārsts
gydytojas

pilots
lakūnas

dārznieks
sodininkas

galdnieks
stalius

šuvēja
siuvėja

tiesnesis
teisėjas

ķīmiķis
chemikas

aktieris
aktorius

autobusa vadītājs

autobuso vairuotojas

taksometra vadītājs

taksi vairuotojas

zvejnieks

žvejys

apkopēja

valytoja

jumiķis

stogdengys

viesmīlis

padavėjas

mednieks

medžiotojas

gleznotājs

dailininkas

maiznieks

kepėjas

elektriķis

elektrikas

celtnieks

statybininkas

inženieris

inžinierius

miesnieks

mēsininkas

skārdnieks

santechnikas

pastnieks

paštininkas

karavīrs

kareivis

arhitekts

architektas

kasieris

kasininkas

florists

gēlininkas

frizieris

kirpējas

konduktors

konduktorius

mehāniķis

mechanikas

kapteinis

kapitonas

zobārsts

odontologas

zinātnieks

mokslininkas

rabīns

rabinas

imāms

imamas

mūks

vienuolis

mācītājs

kunigas

instrumenti
įrankiai

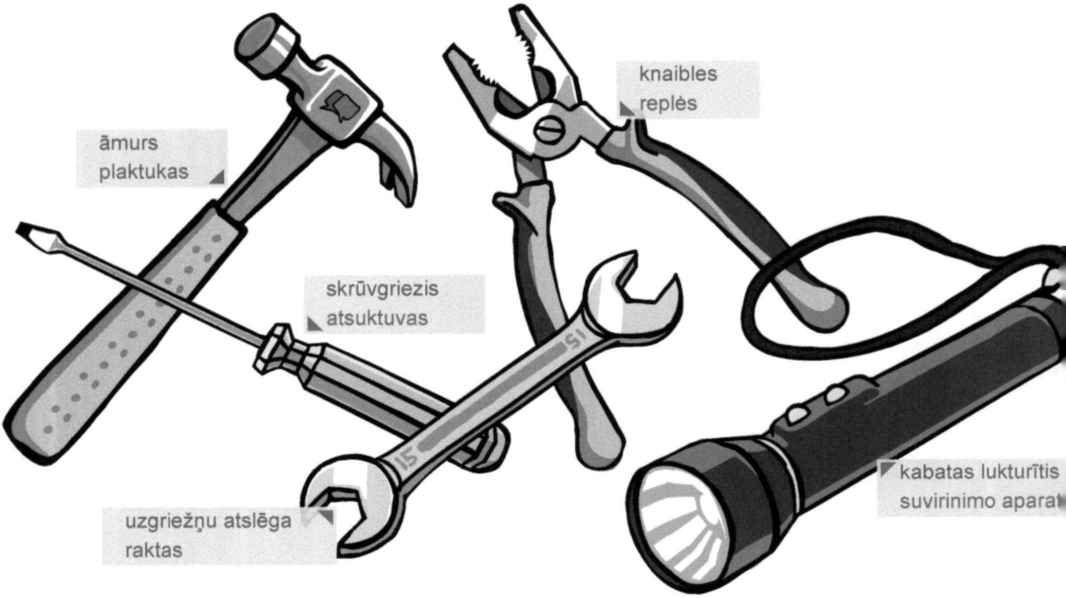

āmurs
plaktukas
knaibles
replės
skrūvgriezis
atsuktuvas
uzgriežņu atslēga
raktas
kabatas lukturītis
suvirinimo aparat

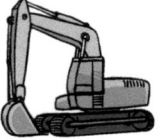

ekskavators

ekskavatorius

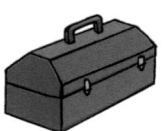

instrumentu kaste

įrankių dėžė

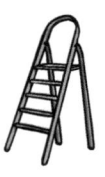

kāpnes

kopėčios

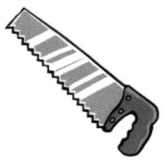

zāģis

pjūklas

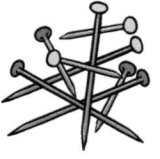

naglas

vinys

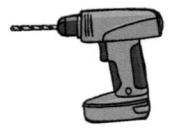

urbis

grąžtas

remontēt

taisyti

lāpsta

kastuvas

Velns!

Velniava!

liekšķere

semtuvėlis

krāsas bundža

dažų skardinė

skrūves

varžtai

mūzikas instrumenti
muzikos instrumentai

bungas
būgnų rinkinys

skaļrunis
garsiakalbis

ģitāra
gitara

kontrabass
kontrabosas

trompete
trimitas

klavieres
....
pianinas

vijole
....
smuikas

bass
....
bosinė gitara

timpāni
....
timpanas

bungas
....
būgnai

digitālās klavieres
....
sintezatorius

saksofons
....
saksofonas

flauta
....
fleita

mikrofons
....
mikrofonas

zooloģiskais dārzs
zoologijos sodas

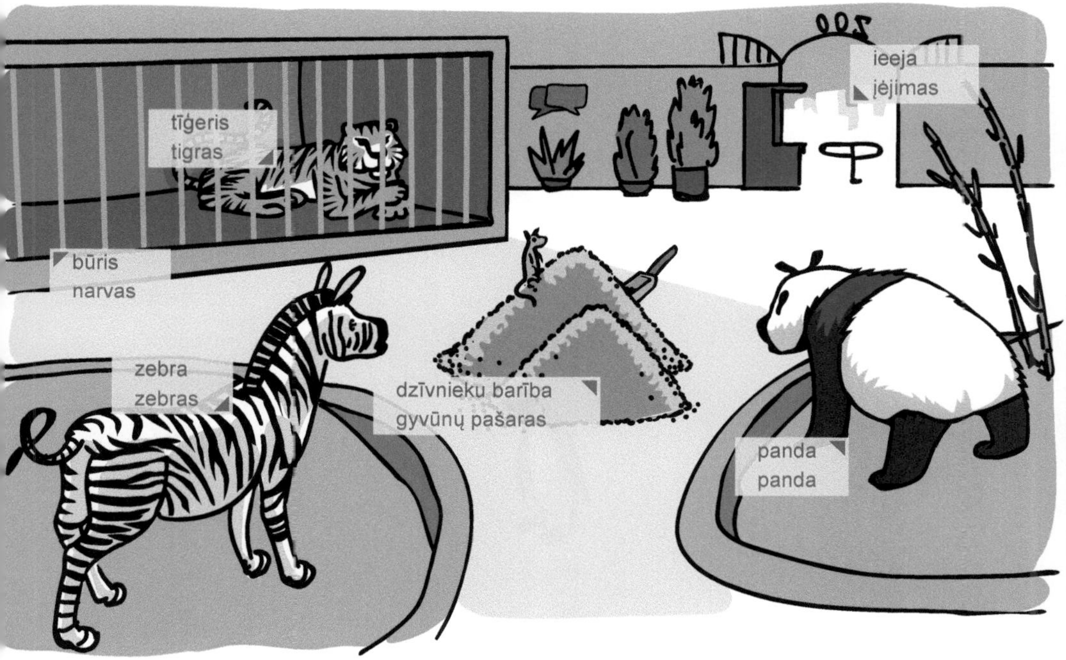
zoo
ieeja
įėjimas
tīģeris
tigras
būris
narvas
zebra
zebras
dzīvnieku barība
gyvūnų pašaras
panda
panda

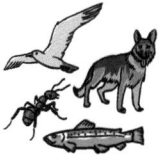

dzīvnieki

gyvūnai

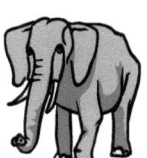

zilonis

dramblys

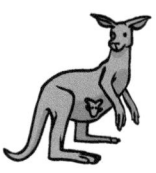

ķengurs

kengūra

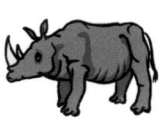

degunradzis

raganosis

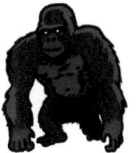

gorilla

gorila

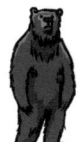

lācis

meška

kamielis
kupranugaris

strauss
strutis

lauva
liūtas

pērtiķis
beždžionė

flamings
flamingas

papagailis
papūga

polārlācis
baltoji meška

pingvīns
pingvinas

haizivs
ryklys

pāvs
povas

čūska
gyvatė

krokodils
krokodilas

zoodārza sargs
zoologijos sodo prižiūrėtojas

ronis
ruonis

jaguārs
jaguaras

ponijs

ponis

leopards

leopardas

nīlzirgs

begemotas

žirafe

žirafa

ērglis

erelis

meža cūka

šernas

zivs

žuvis

bruņurupucis

vėžlys

valzirgs

vėplys

lapsa

lapė

gazele

gazelė

amerikāņu futbols
amerikietiškas futbolas

riteņbraukšana
dviračių sportas

teniss
tenisas

basketbols
krepšinis

peldēšana
plaukimas

bokss
boksas

hokejs
ledo ritulys

futbols
futbolas

badmintons
badmintonas

vieglatlētika
atletika

rokas bumba
rankinis

slēpošana
slidinėjimas

polo
polas

darbības
užsiėmimai

lēkt
šokinėti
apskaut
apkabinti
smieties
juoktis
iet
vaikščioti
dziedāt
dainuoti
sapņot
svajot
lūgt
melstis
skūpstīt
bučiuoti

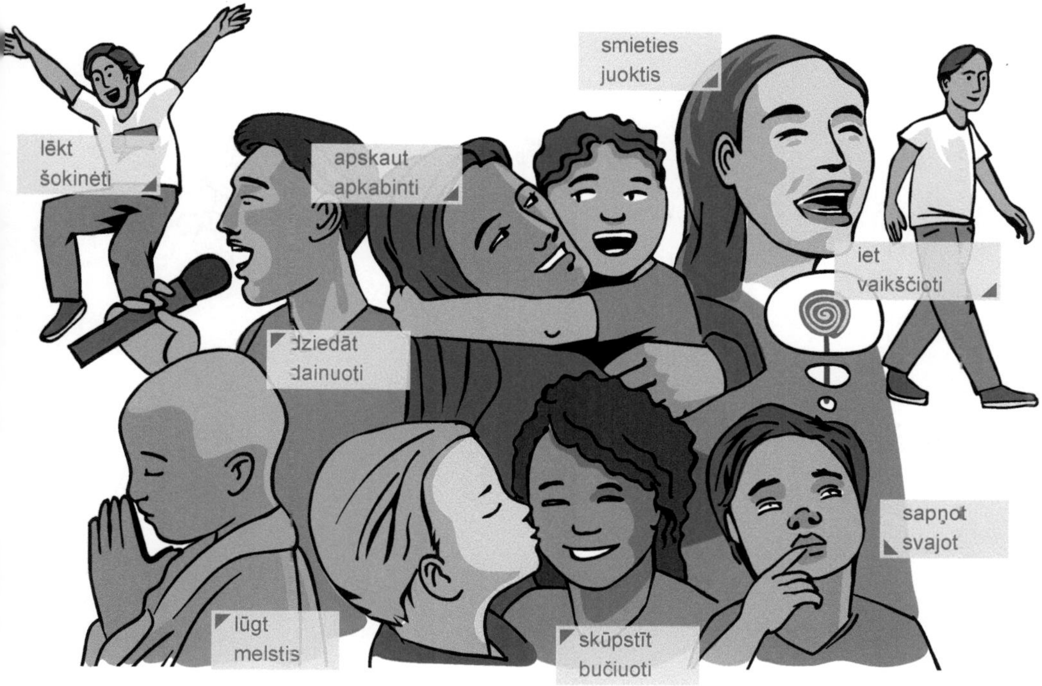

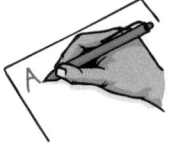

rakstīt
rašyti

zīmēt
piešti

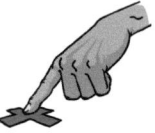

rādīt
rodyti

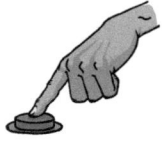

spiest
stumti

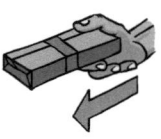

dot
duoti

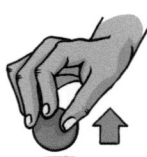

ņemt
imti

būt
turėti

darīt
daryti

būt
būti

stāvēt
stovėti

skriet
bėgti

vilkt
traukti

mest
mesti

krist
kristi

gulēt
meluoti

gaidīt
laukti

nest
nešti

sēdēt
sėdėti

uzģērbt
rengtis

gulēt
miegoti

pamosties
pabusti

skatīties

žiūrėti

raudāt

verkti

glāstīt

glostyti

ķemmēt

šukuoti

runāt

kalbėti

saprast

suprasti

jautāt

paklausti

dzirdēt

klausytis

dzert

gerti

ēst

valgyti

sakārtot

tvarkytis

mīlēt

mylėti

vārīt

gaminti

braukt

vairuoti

lidot

skristi

burot
buriuoti

rēķināt
skaičiuoti

lasīt
skaityti

mācīties
mokytis

strādāt
dirbti

precēties
vesti

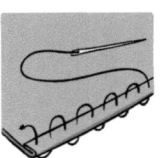

šūt
siūti

tīrīt zobus
valytis dantis

nogalināt
žudyti

smēķēt
rūkyti

sūtīt
siųsti

ģimene
šeima

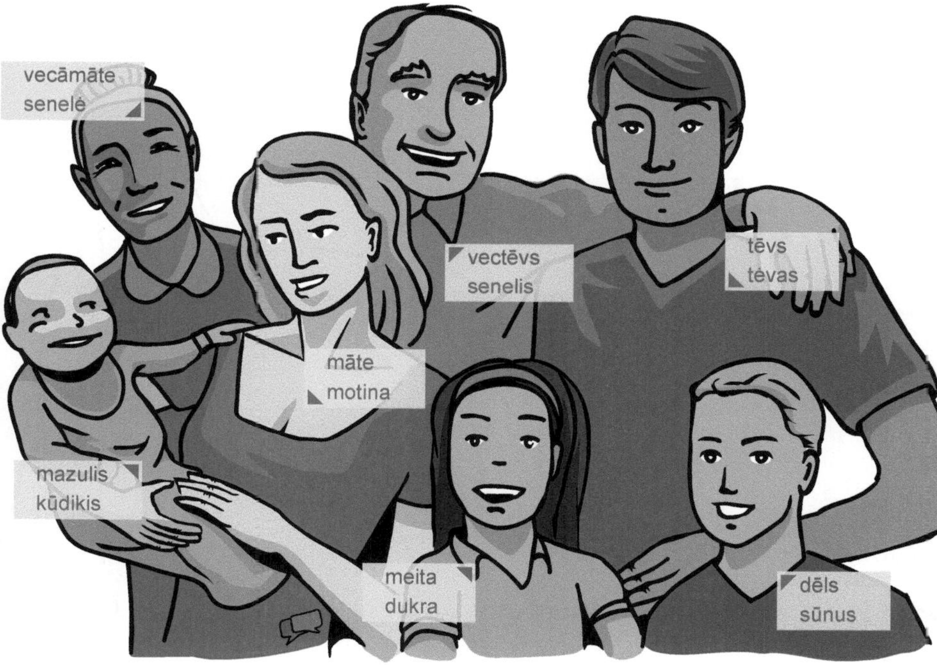
vecāmāte
senelė
vectēvs
senelis
tēvs
tėvas
māte
motina
mazulis
kūdikis
meita
dukra
dēls
sūnus

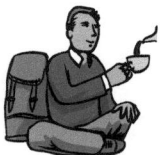

viesis
svečias

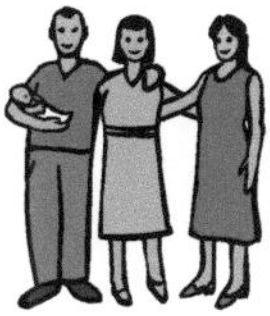

tante
teta

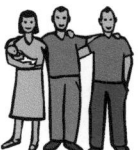

onkulis
dėdė

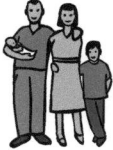

brālis
brolis

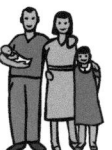

māsa
sesuo

ķermenis
kūnas

piere
kakta
acs
akis
plecs
petys
pirksts
pirštas
seja
veidas
zods
smakras
roka
plaštaka
kāja
koja
krūtis
krūtinė
roka
ranka

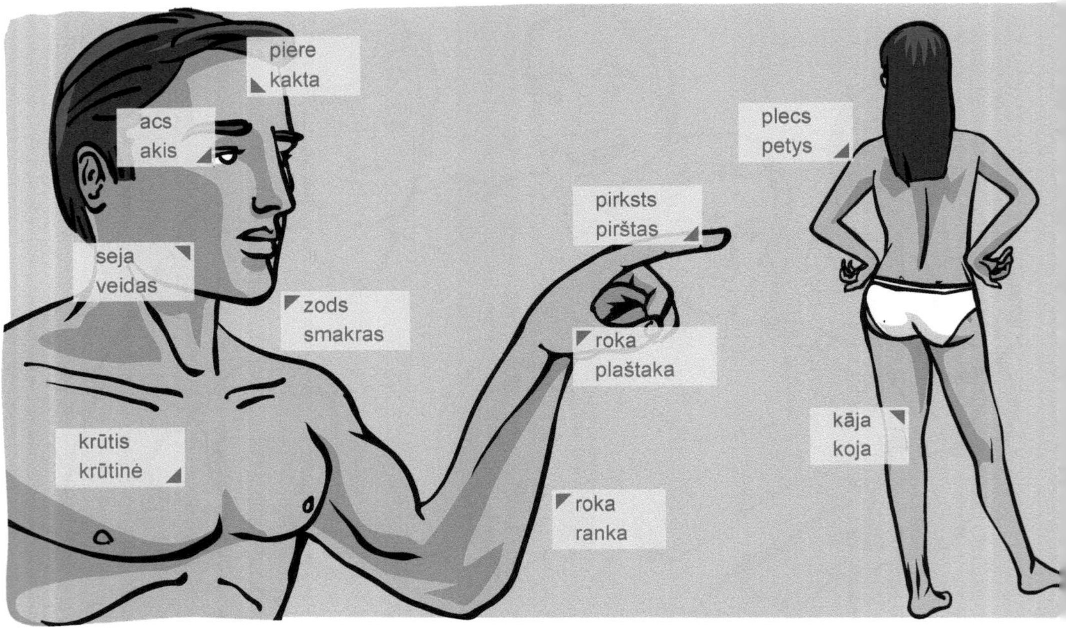

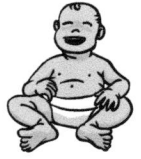

mazulis

kūdikis

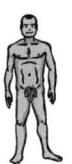

vīrietis

vyras

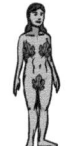

sieviete

moteris

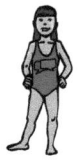

meitene

mergaitė

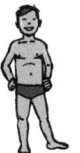

zēns

berniukas

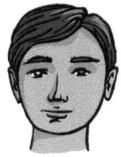

galva

galva

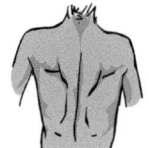

mugura

nugara

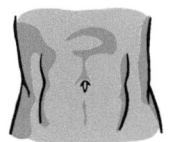

vēders

pilvas

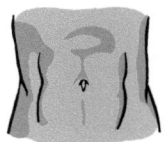

naba

bamba

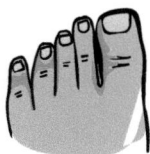

kājas pirksts

kojos pirštas

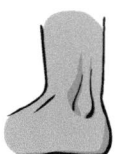

papēdis

kulnas

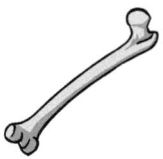

kauls

kaulas

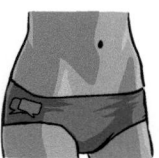

gurns

klubas

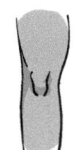

celis

kelis

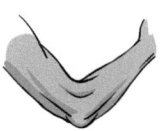

elkonis

alkūnė

deguns

nosis

dibens

sėdmenys

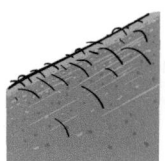

āda

oda

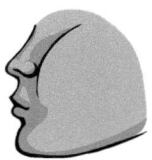

vaigs

skruostas

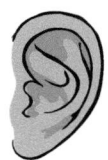

auss

ausis

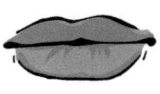

lūpa

lūpa

mute
burna

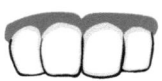

zobs
dantis

mēle
liežuvis

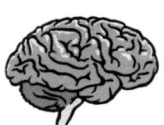

smadzenes
smegenys

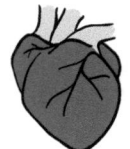

sirds
širdis

muskulis
raumuo

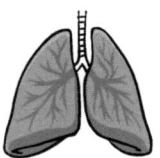

plaušas
plaučiai

aknas
kepenys

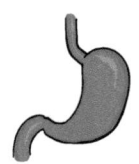

kuņģis
skrandis

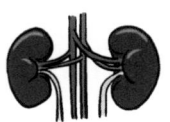

nieres
inkstai

dzimumakts
seksas

kondoms
prezervatyvas

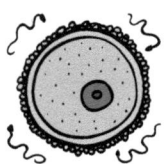

olšūna
kiaušialąstė

sperma
sperma

grūtniecība
nēštumas

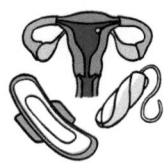

menstruācijas

menstruacijos

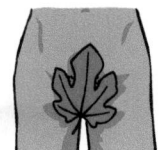

vagīna

makštis

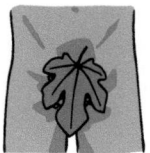

penis

varpa

uzacs

antakis

mati

plaukai

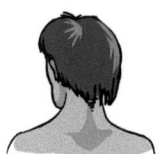

kakls

kaklas

slimnīca

ligoninė

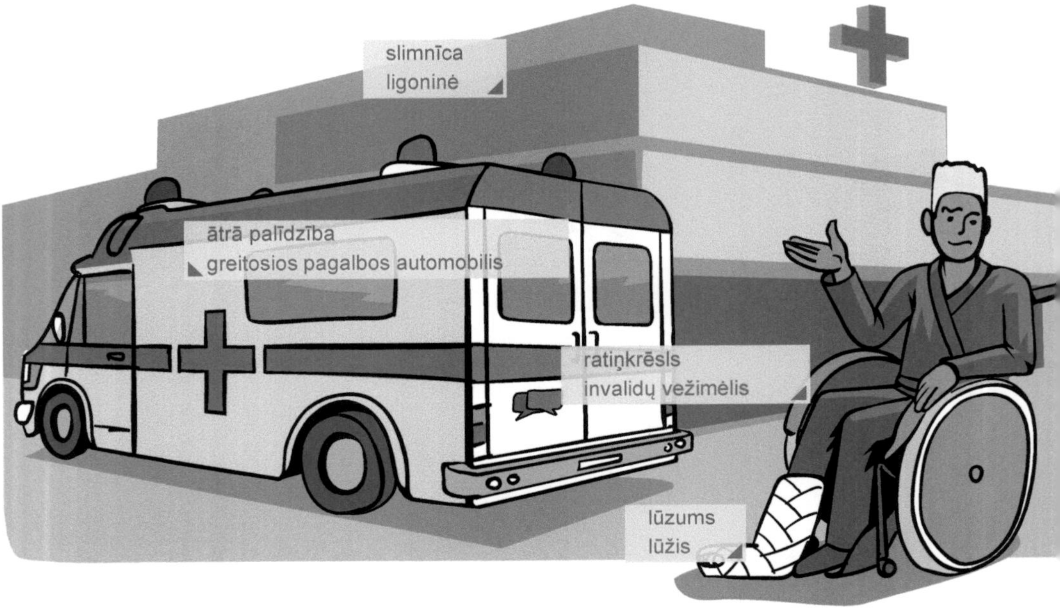

slimnīca
ligoninė
ātrā palīdzība
greitosios pagalbos automobilis
ratiņkrēsls
invalidų vežimėlis
lūzums
lūžis

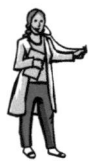

ārsts

gydytojas

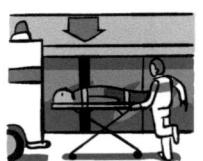

neatliekamās palīdzības nodaļa

skubios pagalbos skyrius

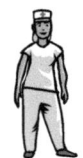

medmāsa

slaugytoja

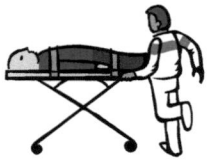

ārkārtas gadījums

nelaimingas atsitikimas

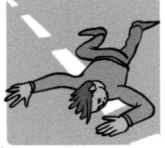

paģībis

be sąmonės

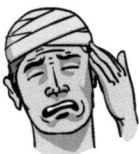

sāpes

skausmas

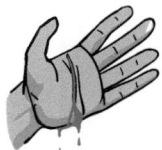

ievainojums

sužalojimas

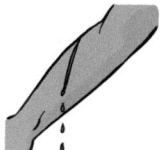

asiņošana

kraujavimas

sirdslēkme

širdies smūgis

insults

insultas

alerģija

alergija

klepus

kosulys

temperatūra

karščiavimas

gripa

gripas

caureja

viduriavimas

galvassāpes

galvos skausmas

vēzis

vėžys

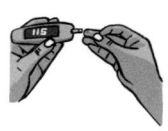

diabēts

diabetas

ķirurgs

chirurgas

skalpelis

skalpelis

operācija

operacija

slimnīca - ligoninė

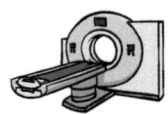

datortomogrāfija
KT

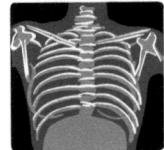

rentgents
rentgenas

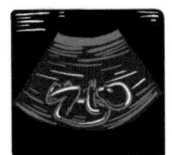

ultraskaņa
ultragarsas

sejas maska
veido kaukė

slimība
liga

uzgaidāmā telpa
laukiamasis

kruķis
ramentas

plāksteris
gipsas

apsējs
tvarstis

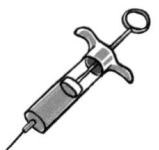

injekcija
injekcija

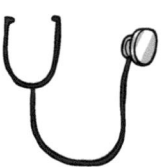

stetoskops
stetoskopas

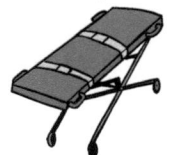

nestuves
neštuvai

termometrs
termometras

dzemdības
gimimas

liekais svars
antsvoris

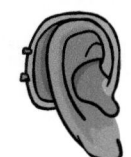

dzirdes aparāts

klausos aparatas

dezinfekcijas līdzeklis

dezinfekavimo priemonė

infekcija

infekcija

vīruss

virusas

HIV / AIDS

ŽIV / AIDS

zāles

vaistas

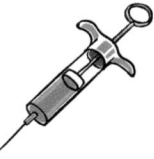

pote

skiepijimas

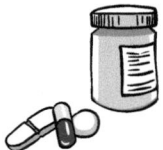

tabletes

tabletės

pretapauglošanās tablete

piliulė

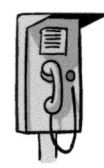

ārkārtas izsaukums

skubios pagalbos numeris

asinsspiediena mērītājs

kraujospūdžio matuoklis

slims / vesels

ligotas / sveikas

Palīgā!

Padėkite!

trauksme

pavojaus signalas

uzbrukums

užpuolimas

uzbrukums

ataka

bīstamība

pavojus

avārijas izeja

avarinis išėjimas

Uguns!

Gaisras!

ugunsdzēšamais aparāts

gesintuvas

negadījums

nelaimingas atsitikimas

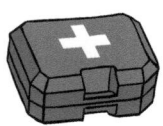

pirmās palīdzības aptieciņa

pirmosios pagalbos rinkinys

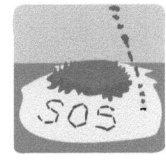

SOS

SOS

policija

policija

Eiropa

Europa

Ziemeļamerika

Šiaurės Amerika

Dienvidamerika

Pietų Amerika

Āfrika

Afrika

Āzija

Azija

Austrālija

Australija

Atlantijas okeāns

Atlanto vandenynas

Klusais okeāns

Ramusis vandenynas

Indijas okeāns

Indijos vandenynas

Dienvidu okeāns

Pietų vandenynas

Ziemeļu ledus okeāns

Arkties vandenynas

Ziemeļpols

Šiaurės ašigalis

Dienvidpols

Pietų ašigalis

Antarktika

Antarktida

zeme

Žemė

zeme

sausuma

jūra

jūra

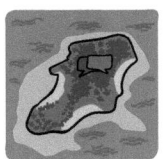

sala

sala

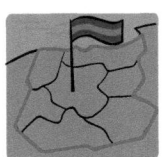

nācija

tauta

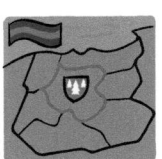

valsts

valstybė

ciparnīca

ciferblatas

stundu rādītājs

valandinė rodyklė

minūšu rādītājs

minutinė rodyklė

sekunžu rādītājs

sekundinė rodyklė

Cik ir pulkstenis?

Kiek valandų?

diena

diena

laiks

laikas

tagad

dabar

digitālais pulkstenis

skaitmeninis laikrodis

minūte

minutė

stunda

valanda

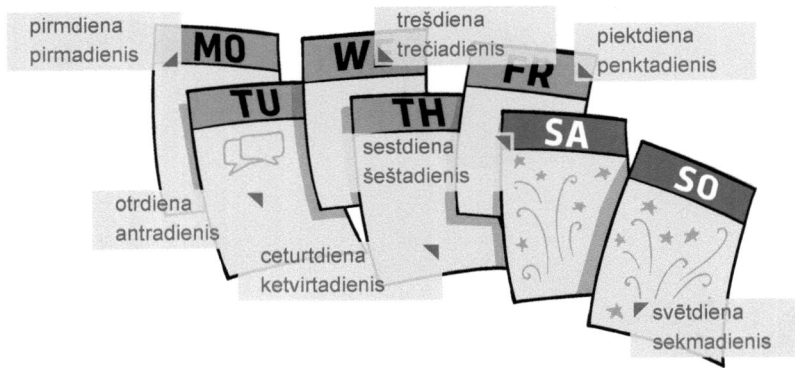

pirmdiena
pirmadienis

trešdiena
trečiadienis

piektdiena
penktadienis

otrdiena
antradienis

sestdiena
šeštadienis

ceturtdiena
ketvirtadienis

svētdiena
sekmadienis

vakardien

vakar

šodien

šiandien

rītdien

rytoj

rīts

rytas

pusdienlaiks

vidurdienis

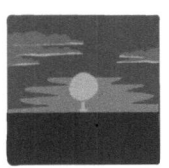

vakars

vakaras

darbadienas

darbo dienos

brīvdienas

savaitgalis

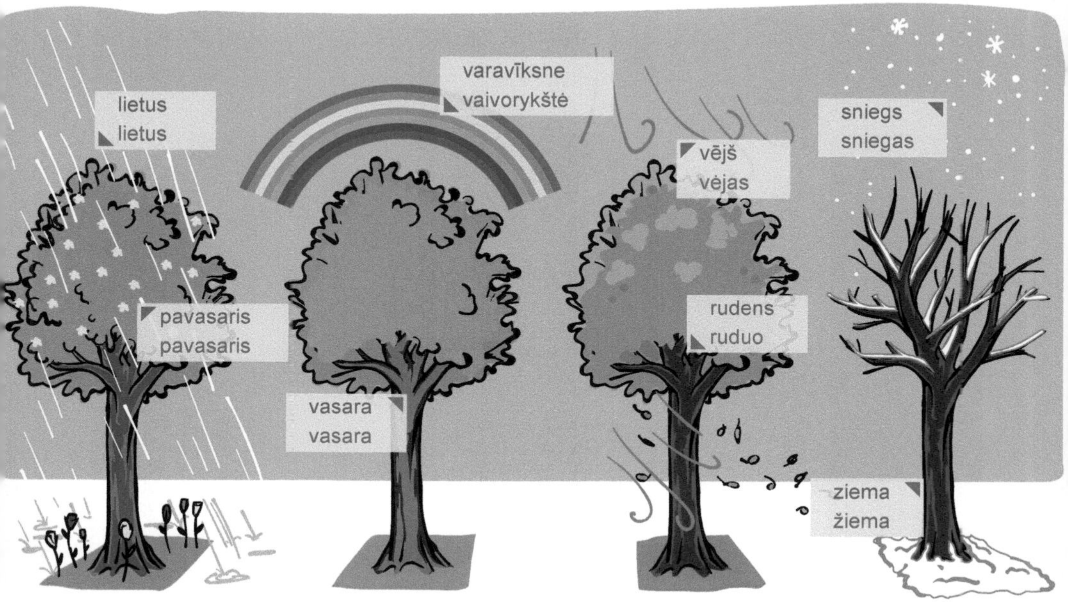

lietus
lietus

varavīksne
vaivorykštė

sniegs
sniegas

vējš
vėjas

pavasaris
pavasaris

rudens
ruduo

vasara
vasara

ziema
žiema

4.APRIL	11°	☀
5.APRIL	4°	⛅
6.APRIL	13°	⛅
7.APRIL	8°	❄
8.APRIL	10°	☀

laika prognoze

orų prognozė

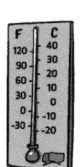

termometrs

lauko termometras

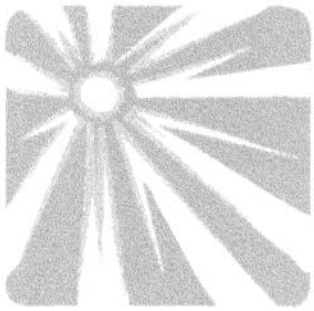

saules gaisma

saulės šviesa

mākonis

debesis

migla

rūkas

gaisa mitrums

drėgmė

zibens
žaibas

pērkons
griaustinis

vētra
audra

krusa
kruša

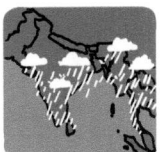

musons
musonas

plūdi
potvynis

ledus
ledas

janvāris
sausis

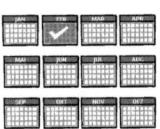

februāris
vasaris

marts
kovas

aprīlis
balandis

maijs
gegužė

jūnijs
birželis

jūlijs
liepa

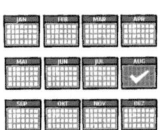

augusts
rugpjūtis

septembris
....
rugsējis

oktobris
....
spalis

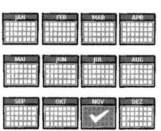

novembris
....
lapkritis

decembris
....
gruodis

formas
formos

aplis
....
apskritimas

kvadrāts
....
kvadratas

četrstūris
....
stačiakampis

trīsstūris
....
trikampis

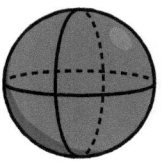

lode
....
sfera

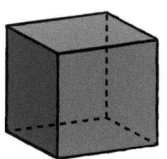

kubs
....
kubas

balts
....
balta

dzeltens
....
geltona

oranžs
....
oranžinė

sārts
....
rožinė

sarkans
....
raudona

lillā
....
violetinė

zils
....
mėlyna

zaļš
....
žalia

brūns
....
ruda

pelēks
....
pilka

melns
....
juoda

daudz / maz
daug / mažai

saniknots / miermīlīgs
piktas / ramus

skaists / neglīts
gražus / bjaurus

sākums / beigas
pradžia / pabaiga

liels / mazs
didelis / mažas

gaišs / tumšs
šviesus / tamsus

brālis / māsa
brolis / sesuo

tīrs / netīrs
švarus / purvinas

pilnīgs / nepilnīgs
užbaigtas / neužbaigtas

diena / nakts
diena / naktis

miris / dzīvs
miręs / gyvas

plats / šaurs
platus / siauras

baudāms / nebaudāms

valgomas / nevalgomas

nikns / laipns

piktas / malonus

satraukts / garlaikots

linksmas / nuobodus

resns / tievs

storas / plonas

pirmais /pēdējais

pirmiausia / paskiausia

draugs / ienaidnieks

draugas / priešas

pilns / tukšs

pilnas / tuščias

ciets / mīksts

kietas / minkštas

smags / viegls

sunkus / lengvas

izsalkums / slāpes

alkis / troškulys

slims / vesels

ligotas / sveikas

nelegāls / legāls

nelegalus / legalus

inteliģents / dumjš

protingas / kvailas

kreisais / labais

kairė / dešinė

tuvu / tālu

arti / toli

jauns / lietots
naujas / naudotas

nekas / kaut kas
niekas / kažkas

vecs / jauns
senas / jaunas

ieslēgts / izslēgts
įjungta / išjungta

atvērts / slēgts
atidaryta / uždaryta

kluss / skaļš
tylus / garsus

bagāts / nabags
turtingas / vargšas

pareizi / nepareizi
teisus / neteisus

raupjš / gluds
šiurkštus / švelnus

noskumis / laimīgs
liūdnas / laimingas

īss / garš
trumpas / ilgas

lēns / ātrs
lėtas / greitas

slapjš / sauss
drėgnas / sausas

silts / vēss
šiltas / šaltas

karš / miers
karas / taika

0

nulle

nulis

1

viens

vienas

2

divi

du

3

trīs

trys

4

četri

keturi

5

pieci

penki

6

seši

šeši

7

septiņi

septyni

8

astoņi

aštuoni

9

deviņi

devyni

10

desmit

dešimt

11

vienpadsmit

vienuolika

12

divpadsmit
dvylika

13

trīspadsmit
trylika

14

četrpadsmit
keturiolika

15

piecpadsmit
penkiolika

16

sešpadsmit
šešiolika

17

septiņpadsmit
septyniolika

18

astoņpadsmit
aštuoniolika

19

deviņpadsmit
devyniolika

20

divdesmit
dvidešimt

100

simts
šimtas

1.000

tūkstotis
tūkstantis

1.000.000

miljons
milijonas

angļu
....
anglų

amerikāņu angļu
....
amerikiečių anglų

ķīniešu mandarīnu valoda
....
kinų (mandarinų)

hindi
....
hindi

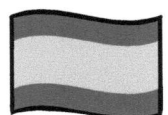

spāņu
....
ispanų

franču
....
prancūzų

arābu
....
arabų

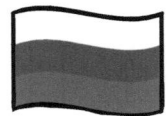

krievu
....
rusų

portugāļu
....
portugalų

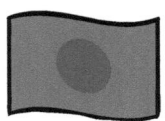

bengāļu
....
bengalų

vācu
....
vokiečių

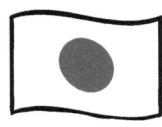

japāņu
....
japonų

es
....
aš

tu
....
tu

viņš / viņa
....
jis / ji

mēs
....
mes

jūs
....
jūs

viņi / viņas
....
jie

kas?
....
kas?

ko?
....
ką?

kā?
....
kaip?

kur?
....
kur?

kad?
....
kada?

vārds
....
vardas

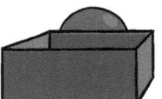

aiz
....
už

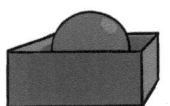

iekšā
....
kur (vieta)

priekšā
....
priešais

virs
....
virš

uz
....
ant

zem
....
po

blakus
....
prie

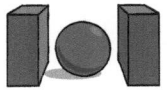

starp
....
tarp

vieta
....
vieta